Tupiliques

Heranças indígenas no português do Brasil

CÉSAR OBEID

Escritor, educador e contador de histórias. Publicou vários livros pela Editora Moderna, entre eles: *No país das bexigas, Rimas animais, Rimas saborosas, Aquecimento global não dá rima com legal, Brincantes poemas, Minhas rimas de cordel, Rimas juninas, O cachorro do menino e Para ler ver e ouvir – Histórias indianas do Pantchatantra.*

www.cesarobeid.com.br

TUPILIQUES

HERANÇAS INDÍGENAS NO PORTUGUÊS DO BRASIL

ILUSTRAÇÕES:
GERALDO VALÉRIO

1ª edição
São Paulo, 2013

MODERNA

COORDENAÇÃO EDITORIAL Lisabeth Bansi
ASSISTÊNCIA EDITORIAL Patrícia Capano Sanchez
COORDENAÇÃO DE PRODUÇÃO GRÁFICA Dalva Fumiko N. Muramatsu
COORDENAÇÃO DE EDIÇÃO DE ARTE/PROJETO GRÁFICO Camila Fiorenza
DIAGRAMAÇÃO Cristina Uetake, Elisa Nogueira
ILUSTRAÇÕES DE CAPA E MIOLO Geraldo Valério
COORDENAÇÃO DE REVISÃO Elaine C. del Nero
REVISÃO Luísa Munhoz, Márcio Della Rosa
COORDENAÇÃO DE *BUREAU* Américo Jesus
TRATAMENTO DE IMAGENS Arleth Rodrigues
PRÉ-IMPRESSÃO Alexandre Petreca, Everton L. de Oliveira Silva, Hélio P. de Souza Filho, Marcio Hideyuki Kamoto e Vitória Sousa
COORDENAÇÃO DE PRODUÇÃO INDUSTRIAL Wilson Aparecido Troque
IMPRESSÃO E ACABAMENTO Eskenazi Indústria Gráfica Ltda.

Dados Internacionais de Catalogação na Publicação (CIP)
(Câmara Brasileira do Livro, SP, Brasil)

Obeid, César
Tupiliques : heranças indígenas no português do Brasil / César Obeid. – 1. ed. – São Paulo : Moderna, 2013.

ISBN 978-85-16-08510-0

1. Índios da América do Sul – Brasil – Literatura infantojuvenil 2. Povos indígenas – Brasil I. Título.

13-01651 CDD-028.5

Índices para catálogo sistemático:
1. Povos indígenas : Brasil : Literatura infantojuvenil 028.5
2. Povos indígenas : Brasil : Literatura juvenil 028.5

EDITORA MODERNA LTDA.

Rua Padre Adelino, 758 - Belenzinho
São Paulo - SP - Brasil - CEP 03303-904
Vendas e Atendimento: Tel. (11) 2790-1300
Fax (11) 2790-1501
www.modernaliteratura.com.br
2013

DE ACORDO COM AS NOVAS NORMAS ORTOGRÁFICAS

Impresso no Brasil

Sumário

Agradeço ao professor Eduardo de Almeida Navarro pela cuidadosa revisão dos termos em tupi e pela elaboração da apresentação.

Você já percebeu que muitos lugares têm nomes que não estão em português? Ibirapuera, Maracanã, Mooca, Jaguaré, Carapicuíba, Embu e muitíssimos outros nomes provêm de uma língua falada no Brasil no passado: a língua tupi. Isso mostra que nós, os brasileiros, somos um povo com muita riqueza cultural, inclusive a indígena. Além dos nomes dos lugares, muitas palavras que você usa no dia a dia não são da língua portuguesa, como tatu, paçoca, pipoca, samambaia, piranha, biju. Essas palavras enriquecem a língua portuguesa do Brasil e tornam nosso país muito mais interessante e belo.

Este livro ajudará você a descobrir muitas dessas contribuições dos indígenas para nós, os brasileiros de hoje. Ele vai mostrar um jeito bonito de ver o Brasil e fará você gostar ainda mais de seu país. Que você tenha uma agradável e proveitosa leitura!

Prof. Eduardo Navarro (Tupinólogo, professor de Tupi Antigo na Universidade de São Paulo e autor do livro *Método moderno de tupi antigo* (Global Editora).

Tupilicando

Você já deve ter ouvido o português que é falado em Portugal e percebeu que é diferente do português falado aqui no Brasil, correto? E você já pensou no porquê de tantas diferenças? Uma das respostas está na língua tupi, um dos muitos idiomas dos nossos habitantes nativos na época em que os portugueses desembarcaram por aqui. Inúmeras palavras de origem tupi – da nossa fauna, flora, botânica (estudo das plantas), geografia (ciência que estuda os fenômenos físicos, biológicos e humanos da terra), toponímia (nome próprio dos lugares) etc. – foram incorporadas ao português falado no Brasil.

Vamos ver alguns exemplos: jaguatirica, jacaré, piranha; maracujá, açaí, jabuticaba, caatinga; Ubatuba, Pindamonhangaba, Itanhaém. Muitas expressões, como "chorar as pitangas" (*pirang* quer dizer vermelho, ou seja, a pessoa chora até seus olhos ficarem vermelhos), também provêm do tupi, uma língua que está muito mais próxima de nós do que imaginamos.

O tupi, como era falado no tempo da invasão europeia, já não existe mais. Como toda língua, ele se transformou, recebendo influências e influenciando as línguas com as quais manteve contato. Os colonizadores chamavam a língua falada pelos nativos litorâneos de "língua brasílica". Na segunda metade do século XVII, o tupi, já bem modificado, passou a ser chamado de "língua geral", que hoje é falada em algumas regiões do estado do Amazonas, sendo também conhecida como "nheengatu".

Descobrir a riqueza dessa língua que tanto ajudou na formação do português atual foi um prazer para mim, e espero que esta seja uma experiência incrível para você também, querido leitor.

Para fazer esta viagem, estou lhe apresentando dois veículos: a etimologia, ciência que estuda a formação das palavras; e os limeriques, uma forma de poesia inglesa, mas que combinou direitinho com o nosso tupi.

Os limeriques são pequenos poemas de estrofes de cinco versos, que geralmente apresentam situações engraçadas ou absurdas. Você saberá mais sobre eles no final do livro.

Boa leitura!

Etimologia

Etimologia é a ciência que estuda a origem, formação e evolução das palavras. Para tratar desse assunto, devemos entender que nunca existiu nem existirá uma língua pura. Por mais distante que se localizem seus falantes, geograficamente falando, toda e qualquer língua absorve, empresta e recria palavras, frases, sotaques e dialetos.

Você já deve ter ouvido falar que a língua portuguesa provém do latim – língua falada pelos antigos romanos. Mas o que isso quer dizer?

As línguas do mundo são classificadas em famílias linguísticas. As línguas mais conhecidas, românicas ou neolatinas (derivadas do latim), são as seguintes: português, espanhol, romeno, francês, italiano e catalão.

A união dessas línguas da família românica com as línguas de outras famílias – germânica, eslava, céltica etc. – forma o tronco linguístico indo-europeu. Por todo o planeta existem inúmeros troncos e famílias que englobam os milhares de idiomas falados no mundo todo.

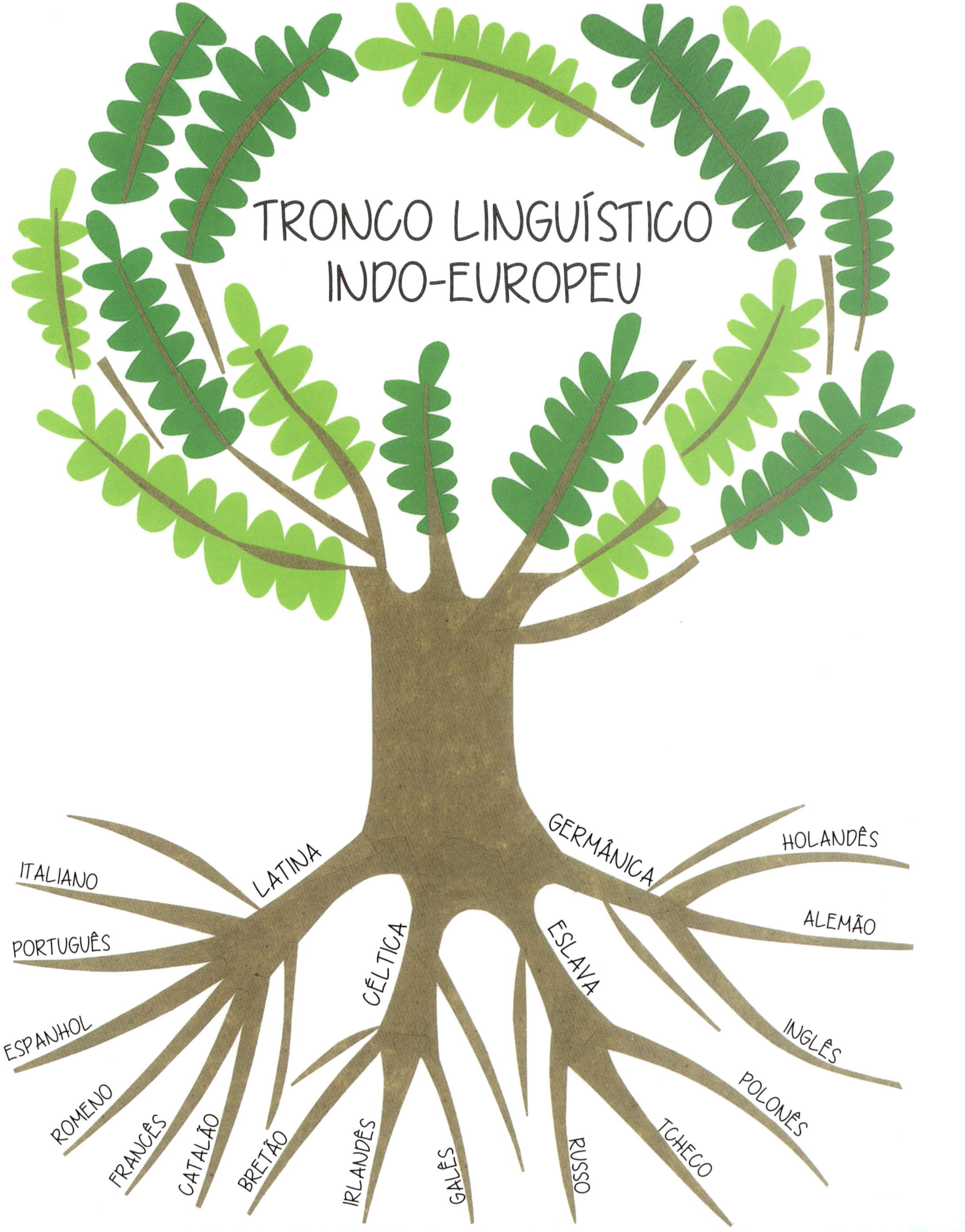
TRONCO LINGUÍSTICO
INDO-EUROPEU
LATINA
ITALIANO
PORTUGUÊS
ESPANHOL
ROMENO
FRANCÊS
CATALÃO
CÉLTICA
BRETÃO
IRLANDÊS
GALÊS
ESLAVA
RUSSO
TCHECO
POLONÊS
GERMÂNICA
HOLANDÊS
ALEMÃO
INGLÊS

TRONCO TUPI
TUPI-GUARANI
Xetá
Wajãpi
Kamayurá
Guarani (com seus dialetos)
Tupirapé
Tupi antigo
ARIKEM
Karitiana
AWETI
Aweti
JURUNA
Juruna
MAWÉ
Sateré Mawé
MONDÉ
Zoró
Aruá
Suruí Paiter
Gavião Ikolen
Cinta-larga
MUNDURUKU
Munduruku
Karuaya
RAMARANA
Karo
TUPARI
Makurap
Tupari
Wajuru

Com os idiomas indígenas acontece a mesma divisão. O tupi e o guarani são duas línguas distintas, que pertencem a uma mesma família linguística – tupi-guarani –, que, por sua vez, faz parte do tronco tupi. O desenho ao lado representa algumas línguas e famílias do tronco tupi, que, juntamente com as línguas e famílias pertencentes ao tronco macro-jê, englobam quase todas as 170 línguas indígenas faladas atualmente no Brasil.

Todos nós sabemos que existem em nossa língua milhares de palavras originárias de outros idiomas: futebol (do inglês), açúcar (do árabe), banguela (de origem africana), abajur (do francês) etc. A lista é imensa. E quais são as palavras de origem brasileira que são faladas mundo afora? Podemos citar como exemplos: bossa-nova, caju, capoeira, tapioca e samba. Mas há inúmeras outras e muitas delas são de origem tupi.

Pronúncia em tupi

A – como em português

E – timbre aberto como em "pé"

I – como em português

O – timbre aberto como em "avó"

U – como em português

Y – É uma vogal intermediária entre o "u" e o "i". Tente produzir esse som, emitindo o som da vogal "u" e abrindo os lábios até chegar à posição "i".

• Todas as vogais possuem as correspondentes nasais (ã, ẽ, ĩ, õ, ũ).

• Os apóstrofos (') indicam que há oclusão glotal, uma parada rápida na emissão do ar entre duas vogais ocasionada por um pequeno fechamento da glote.

• Os hifens indicam que a palavra é formada por étimos compostos, isto é, dois termos se unem para formar uma outra palavra.

TUPILIQUES

Um dia encontrei o caipora,
Que disse: – Peguei catapora!
Só tenho pereba,
Tal casco de peba
Eu vejo o meu rosto agora.

Palavra em português	Palavra/ Significado em tupi
Caipora	*Ka'apora* – habitante da mata *ca'a* (mata); *pora* (habitante)
Catapora	*Tatá-pora* – marca de fogo *tatá* (fogo); *pora* (sinal, marca)
Pereba	*Pereua* – pequena ferida
Peba	*Peua* – achatado

Mais tarde encontrei a Iara
Tomando sol em Piraquara;
E na samambaia
Fiquei de tocaia
Só pra contemplar a Iara.

Palavra em português	Palavra/ Significado em tupi
Iara	*´Yara* – senhora das águas: *´y* + *yara*
Piraquara	*Pirá-kuara* – buraco de peixe *pirá* (peixe); *kuara* (buraco)
Samambaia	*Çama-mbaia* – *paia* (brinco, pingente)
Tocaia	*Tokaya* – pequena casa na qual o indígena se recolhia à espera da caça

Os habitantes nativos que aqui residiam, antes da chegada dos europeus, falavam centenas de línguas, mas somente o tupi foi aprendido pelos portugueses no início da colonização.

No Sul eu vi o boitatá
Que disse: – Eu vou até o Pará,
Estou jururu.
Lá, como caju,
Pitanga, cará e cajá.

Palavra em português	Palavra/ Significado em tupi
Boitatá	*Mbae-tatá* – a coisa que é fogo *mba'e* (coisa); *tatá* (fogo)
Pará	*Pará* – rio grande
Jururu	*Aruru* – tristonho
Caju	*Akayu*
Pitanga	*Pitanga* – avermelhado
Cará	*Kará*
Cajá	*Aka-yá* – fruto de ponta *aka* (chifre, ponta); *yá* (fruto)

Um dia encontrei o Saci
Falando em perfeito tupi
Com a suçuarana:
– Seja mais bacana,
Só rosne lá no Piauí.

Palavra em português	Palavra/ Significado em tupi
Saci	*sasy* – olho ruim *sã* (olho); *asy* (ruim, mau)
Tupi	*Tupi* – nome de uma entidade superior dos antigos indígenas da costa do Brasil *T.upi* – o que ergue a gente *upir* (levantar, erguer)
Suçuarana	*Susua-rana* – semelhante ao pelo do veado *suassu* (veado); *rana* (parecido com)
Piauí	*Piau'y* – rio dos piaus *piau* (peixe que tem pele manchada); *'y* (rio)

Atualmente, cerca de 170 línguas são faladas pelos povos indígenas, sendo que a maior parte delas está centrada na região amazônica. Muitas dessas línguas possuem apenas alguns falantes, como é o caso da língua uru-eu-wau-wau, de Rondônia, que é utilizada por pouco mais de 100 pessoas. Já a língua guajajara, da comunidade do mesmo nome, residente no Maranhão, é a língua materna de aproximadamente 24.000 pessoas.

Às margens do rio Sorocaba,
Eu vi um senhor capixaba
Que viu o curupira
Trançando embira,
Comendo uma jabuticaba.

Palavra em português	Palavra/ Significado em tupi
Sorocaba	*Sorok-aba* – rasgão do solo, lugar de rasgar o solo
Capixaba	*Kopisaua* – terra de plantação, lugar de carpir
Curupira	*Kurupira* – a pele de caroço
Embira	*Imbira* – que tem fibra
Jabuticaba	*Yawuti Kawa* – gordura de jabuti *yawuti* (jabuti); *kawa* (gordura)

Um dia eu vi o jacaré
Falando para o punaré:
– Viu a perereca?
Guardou a peteca,
Não quis mais brincar co'o Anajé.

Palavra em português	Palavra/ Significado em tupi
Jacaré	*Yakaré*
Punaré	*Punare*
Perereca	*Yuí-perereka* – rã saltadeira
Peteca	*Peteka* – bater com a palma da mão
Anajé	*Inaye*

Um historiador português do século XVI, Pero de Magalhães Gândavo, escreveu a respeito da língua falada pelos nativos do litoral:
"A língua de que usam, toda pela costa, é uma, ainda que em certos vocábulos difira em algumas partes, mas não de maneira que se deixam uns aos outros de entender."
(GÂNDAVO, Pero M. *Tratado da Terra do Brasil* – História da Província de Santa Cruz. Belo Horizonte: Editora Itatiaia; São Paulo: Edusp, 1980. p. 122.)

Sem fome eu almoço paçoca,
Mingau, beiju e tapioca,
E se uma mutuca
Cair na cumbuca,
Termino comendo pipoca.

Palavra em português	Palavra/ Significado em tupi
Paçoca	*Pasoka* – socado completamente, tudo socado
Mingau	*Minga'u* – o que se empapa
Beiju	*Mbeyu* – comida feita de mandioca
Tapioca	*Tipi-oka* – colhido do fundo *typy* (fundo); *ók* (arrancar o fundo)
Mutuca	*Mutuka* – que perfura, que pica
Cumbuca	*Kui-mbuka* – cuia fendida *kúia* (vasilha); *mbuka* (fendida)
Pipoca	*Pipoka* – pele estourada do milho *pira* (pele); *poca* (estourada)

Um dia eu vi o tamanduá
Dizendo para o sabiá:
– Chame o jabuti,
Também o quati
E vamos tocar maracá.

Palavra em português	Palavra/ Significado em tupi
Tamanduá	*Tamandu'á* – Tetã-me--nduava: o que é da terra
Sabiá	*Sawi'á*
Jabuti	*Yawoti*
Quati	*Kwuati*
Maracá	*Maraká*

Os colonizadores, quando aqui chegaram, não utilizavam a língua portuguesa para se comunicar com os nativos. Eles, que muitas vezes se casavam com as mulheres indígenas, utilizavam o idioma local, o tupi.

Um dia eu fui a Cotia
Pra ver se encontrava cutia,
Mas eu não a vi
Então percebi
Cutia não tem em Cotia.

Palavra em português	Palavra/ Significado em tupi
Cutia	*Akuti*

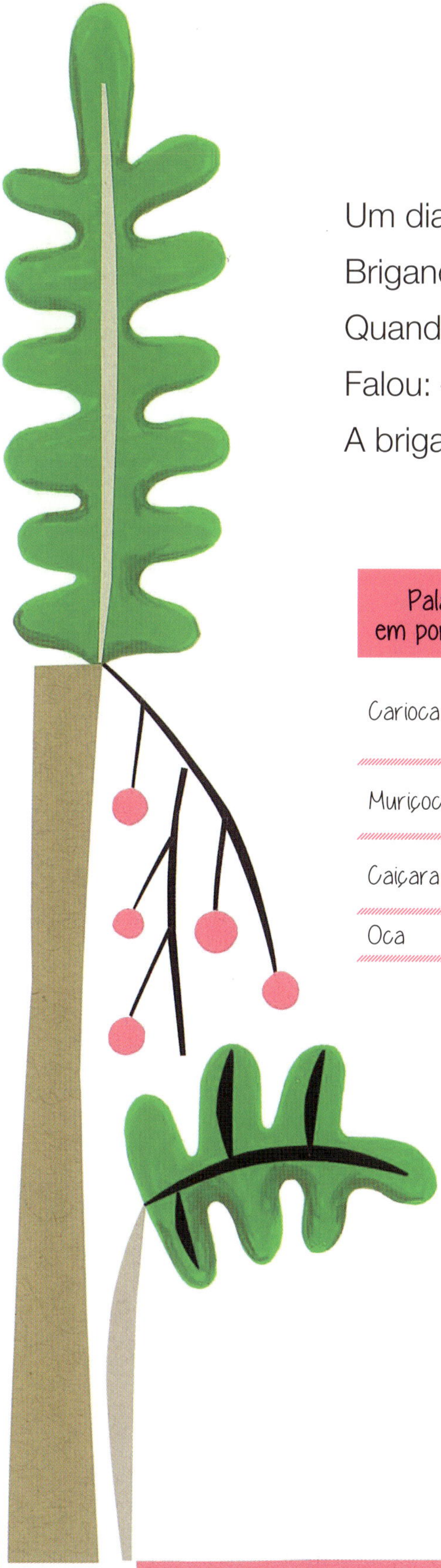

Um dia eu vi um carioca
Brigando com a muriçoca
Quando um caiçara
Falou: – Coisa rara
A briga de quem rima em “oca”.

Palavra em português	Palavra/ Significado em tupi
Carioca	*Kari'oka* – a casa dos carijós *karió* (indígena do Paraguai); *oka* (casa)
Muriçoca	*Mberu-soka* – *mbe'ru* (mosca) + *soca* (que fura)
Caiçara	*Kaay-sá* – cerca feita de ramos de árvore entrelaçados
Oca	*Oka* – casa, morada

O padre José de Anchieta, que escreveu o livro *Arte de gramática da língua mais usada na costa do Brasil*, publicado em 1595, utilizava a língua brasílica, uma evolução do tupi antigo, para catequizar os habitantes nativos.

Havia um siri em Taubaté
Que estava dançando toré,
Foi quando o siri
Falou: – Venha aqui
E até eu dancei o toré.

Palavra em português	Palavra/ Significado em tupi
Taubaté	*Itá-waté* – pedra elevada *itá* (pedra); *waté* (elevada)
Toré	*Toré* – buzina
Siri	*Seri*

Havia lá em Jericoacoara
Uma tranquila capivara
Comendo capim,
E disse: – É assim
Que nasce o nome capivara.

Palavra em português	Palavra/ Significado em tupi
Jericoacoara	*Yurucuã-kuara* – refúgio das tartarugas *yurucuã* (tartaruga); *kuara* (toca)
Capivara	*Kapii'guara* – comedor de capim *ka'pii* (capim); *guara* (comedor)
Capim	*Ka'a-pii* – folha fina *ka'a* (folha); *pii* (fino)

O tupi-guarani não é uma língua, mas uma família linguística que compreende cerca de 20 línguas que têm origem comum, entre elas, o guarani (com seus dialetos), o tupi antigo etc.
Além do Brasil, línguas da família tupi-guarani são faladas em países como Paraguai, Argentina, Peru, Bolívia, Venezuela e Guiana Francesa. No Paraguai, o guarani é um dos idiomas oficiais, ao lado do espanhol, e é falado por grande parte da população.

Um homem lá da Paraíba,
Que estava numa pindaíba,
Disse a um muquirana:
– Me empresta uma grana!
Ouviu: – Só dou em Curitiba.

Palavra em português	Palavra/ Significado em tupi
Paraíba	*Pará-aíba* – rio ruim *pará* (rio); *aíb* (ruim, impraticável)
Pindaíba	*Pinda'yba* – vara de anzol
Muquirana	*Moky-rana* – semelhante ao piolho do corpo humano
Curitiba	*Kuri-tyba* – abundância de pinheiros *kuri* (pinheiro); *tyba* (lugar onde há muito)

Um dia eu vi a maritaca
Falando com a jararaca:
– Cadê a sucuri?
– Comeu um sagui,
Depois um preá e uma paca.

Palavra em português	Palavra/ Significado em tupi
Maritaca	*Mbaitá*
Jararaca	*Yara-raka*
Sucuri	*Sukuri*
Sagui	*Sawii*
Preá	*Apere'a*
Paca	*Paka*

No início do processo de invasão, os portugueses encontraram por todo o litoral brasileiro o idioma tupinambá, falado pelos Tupinambás, integrantes de uma nação indígena que habitava várias áreas do litoral. O termo "tupi" surge somente no século XIX. Nessa época era utilizado para denominar tanto o falante da língua brasílica como o habitante da capitania de São Vicente.

Eu vi na caatinga um cupim
Dançando com um micuim.
Foi quando a saúva
Gritou: – Olha a chuva!
E assim terminou o festim.

Palavra em português	Palavra/ Significado em tupi
Caatinga	*Kaa-tinga* – o mato branco *ka´a* (mato); *´tinga* (branco, claro)
Cupim	*Cupi´i*
Micuim	*Mukui´yi*
Saúva	*Isa´ywa*

Não podemos nos esquecer de que as várias línguas africanas faladas pelas pessoas trazidas no processo de escravização também contribuíram muito para a formação do português falado no Brasil. Entretanto, ao chegarem aqui, quem veio do continente africano teve de se adaptar à língua brasílica. Os traficantes evitavam colocar no mesmo navio negreiro aqueles que falassem a mesma língua ou o mesmo dialeto, pois era importante que os escravos não se comunicassem; assim, qualquer tipo de revolta teria menor possibilidade de acontecer. São exemplos de palavras de origem africana incorporadas ao português: jiló, maxixe, moleque, quitanda e tutu.

Havia em Itabi um guri
Querendo comer um pequi,
Foi ao pequizeiro,
Mas veio ligeiro
A arara e levou o pequi.

Palavra em português	Palavra/ Significado em tupi
Itabi	*Itá-oby* – pedra verde
Guri	*Guyri* – o nome de um peixe; bagre do mar
Pequi	*Peki*
Arara	*Arara*

Um dia lá no Itororó
Eu vi um pobre curió
Que viu a jiboia.
Entrou em paranoia
A ave lá do Itororó.

Palavra em português	Palavra/ Significado em tupi
Itororó	*Y-tororoma* – jorro da água *Y* (rio, água); *tororoma* (jorro)
Curió	*Kuri'o*
Jiboia	*Yi'mboya* – a cobra do arco-íris *iy'yba* (arco-íris); *mboia* (cobra)

Havia um urubu no Iguatu
Comendo o resto de um Anu;
Deu indigestão
E um mutirão
Fez logo um chazinho ao urubu.

Palavra em português	Palavra/ Significado em tupi
Urubu	*Uruwu* – grande ave negra que come carne de animais mortos
Iguatu	*Ykatu* – a água boa
Anu	*Anu*
Mutirão	*Potyrõ* – trabalhar em conjunto

Em 1758, o marquês de Pombal, primeiro-ministro português, proibiu o uso da "língua geral" (tupi já bem modificado) e de qualquer outra língua nativa. Essa proibição foi feita para incentivar a difusão da língua portuguesa. Ou seja, somente dois séculos e meio depois da chegada dos colonizadores é que a língua portuguesa foi considerada "oficial".

Havia um jacu na Tijuca
Que estava preso na arapuca
Foi quando um mirim
Falou: – É assim
Que fica quem tudo cutuca.

Palavra em português	Palavra/ Significado em tupi
Jacu	*Yaku*
Tijuca	*Ty-iúka* – água podre, lamaçal *ty* (água); *yuka* (podre)
Arapuca	*Ara-puka* *uyrá* (pássaro); *puka* (buraco)
Mirim	*Mí'rĩ* – pequeno, miúdo
Cutuca	*Kutuk* – furar, espetar

Havia um tucano em Jucás
Voando pra frente e pra trás,
Quando o colibri
Falou: – Nunca vi
Tucano pra frente e pra trás.

Palavra em português	Palavra/ Significado em tupi
Tucano	*Tukana* – ave do bico grande
Jucás	*Aiuká* – quebra pescoço, nome de uma árvore de madeira duríssima *aiura* (pescoço); *ká* (quebrar)

Muitas cidades do interior do Brasil têm nomes de origem tupi. Isso só foi possível porque, à medida que avançava a colonização, os indígenas nômades migravam para o interior e davam nomes às povoações que iam formando. Outro fator que contribuiu para a difusão desses nomes de origem tupi foi o avanço das missões e bandeiras pelo interior do território.

Um dia eu vi um Potiguar
Dizendo assim ao seu xará:
– Não mate o tatu,
Esqueça o teiú
E vamos tomar guaraná.

Palavra em português	Palavra/ Significado em tupi
Potiguar	*Potiwara* – o que come camarão *potĩ* (camarão); *wara* (o que come)
Xará	o meu nome *xe* (meu); *rera* (nome)
Tatu	*Tatu*
Teiú	*Teyu*
Guaraná	*Waraná*

Um dia dormindo em pé
Eu vi um pajé no sapé,
Chegou um neném
Fazendo nhe-nhe-nhem
E assim acordou o pajé.

Palavra em português	Palavra/ Significado em tupi
Pajé	*Payé* – feiticeiro
Sapé	*Yasape*
Nhe-nhe-nhem	*Nheeng-nheeng-nheeng* – falar-falar-falar

Em 2002 entrou em vigor uma lei em São Gabriel da Cachoeira, município do estado do Amazonas, que cooficializou as línguas nheengatu, tukano e baniwa, ao lado do português.

Um dia uma velha coroca
Cismou em comer mandioca,
Olhou para a cuia
E foi pra cucuia,
A cuia não tinha mandioca.

Palavra em português	Palavra/ Significado em tupi
Coroca	*Kuruc* – resmungar
Mandioca	*Mani'oka* – casa de Mani *mani* (nome de uma mulher); *oka* (casa)
Cuia	*Kuya* – fruto da cuieira
Cucuia	*Kukuia* – decadência, queda contínua *kuî* (cair, no sentido de desprender-se)

Diferentemente do que acontece nas outras ex-colônias de Portugal, a língua portuguesa falada no Brasil não possui o mesmo sotaque do português de Portugal. Isso se deve às influências de diversas línguas indígenas, africanas, europeias e asiáticas.

LIMERICANDO

Quem sabe o que é limerique?
Poema tão cheio de pique
Que tem cinco versos
Que vivem dispersos
E adoram glamour e chilique!

Em cada estrofe, uma história;
Complexa, engraçada ou simplória,
Mas sempre ao avesso
Porque não tem preço
Um verso nascido pra glória.

Limerique é uma forma poética na qual cada estrofe possui cinco versos, ou seja, uma quintilha. Quase sempre composto por um poema de uma única estrofe, descreve um personagem em uma situação bem peculiar, geralmente absurda e/ou engraçada. *Limerick*, em inglês, possui dois significados: uma forma de poesia e o nome de um condado na Irlanda. A relação entre a forma poética e o nome geográfico ainda é incerta.

Estrofes contendo cinco versos, com métrica e posição de rimas semelhantes ou idênticas aos atuais *limericks,* já eram encontradas há muitos séculos em canções tradicionais, em temas voltados para crianças e peças teatrais.

Boa parte dessa produção poética está ligada ao estilo *nonsense*, no qual o comprometimento com o sentido pode ficar de fora. Ou seja, nos limeriques, o disparate, o absurdo e a incoerência são muito bem-vindos. Isso se deve ao trabalho de Edward Lear (1812-1888), humorista e desenhista inglês, que foi o grande responsável pela popularização e difusão dessas quintilhas, e é até mesmo considerado, pelos mais desavisados, o inventor desse estilo poético.

No limerique atual, cada estrofe possui cinco versos, sendo que o primeiro rima com o segundo e o quinto versos, e cada um desses versos possui oito sílabas poéticas. Já o terceiro e o quarto versos rimam entre si e possuem cinco sílabas poéticas. A seguir, uma estrofe ilustrativa que representa a musicalidade do poema e a posição das rimas. Considere "pa" a sílaba fraca e "PÁ" a sílaba forte. Os versos de oito sílabas (primeiro, segundo e quinto) possuem três tônicas fortes. Os versos de cinco sílabas (terceiro e quarto) possuem duas tônicas fortes.

1 – pa PÁ pa pa PÁ pa pa PÁ (A)
2 – pa PÁ pa pa PÁ pa pa PÁ (A)
3 – pa PÁ pa pa PÁ (B)
4 – pa PÁ pa pa PÁ (B)
5 – pa PÁ pa pa PÁ pa pa PÁ (A)

A contagem silábica poética difere da contagem gramatical (nesta, contam-se todas as sílabas). As letras A e B representam os versos que rimam entre si.

Referências bibliográficas

BARBOSA, A. Lemos. *Pequeno vocabulário tupi-português*. Rio de Janeiro: Livraria São José, 1955.

BUENO, Silveira. *Vocabulário tupi-guarani português*. São Paulo: Éfeta Editora, 1998.

CÂMARA CASCUDO, Luís da. *Dicionário do folclore brasileiro*. Belo Horizonte: Itatiaia, 2001.

______. *Geografia dos mitos brasileiros*. São Paulo: Global Editora, 2002.

CHIARADIA, Clóvis. *Dicionário de palavras brasileiras de origem indígena.* São Paulo: Limiar, 2008.

CLEROT, L. F. R. *Glossário etimológico dos termos geográficos, geológicos, botânicos, zoológicos, históricos e folclóricos de origem tupi-guarani, incorporados ao idioma nacional.* Brasília: Conselho Editorial do Senado Federal, 2010.

CUNHA, Antônio Geraldo da. *Dicionário etimológico da língua portuguesa.* Rio de Janeiro: Lexikon, 2010.

______. *Dicionário histórico das palavras portuguesas de origem tupi.* São Paulo: Cia. Melhoramentos de São Paulo, 2005.

CUNHA, Manuela Carneiro da (Org.). *História dos índios no Brasil.* São Paulo: Companhia das Letras, 1992.

Dicionário eletrônico Houaiss da língua portuguesa, 2009.

DIETRICH, Wolf; NOLL, Voken (Orgs.). *O português e o tupi no Brasil*. São Paulo: Contexto, 2010.

LORENZATO, João Roque. *Curiosidades do vocabulário indígena na cultura do Brasil.* São Paulo: Palavra & Prece Editora, 2007.

NAVARRO, Eduardo de Almeida. *Método moderno de tupi antigo:* a língua do Brasil dos primeiros séculos. São Paulo: Global Editora, 2004.

RICARDO, Beto; RICARDO, Fany (Eds.). *Povos indígenas no Brasil*: 2001-2005. São Paulo: Instituto Socioambiental, 2006.

______. *Povos indígenas no Brasil*: 2006-2010. São Paulo: Instituto Socioambiental, 2011.

TIBIRIÇÁ, Luiz Caldas. *Dicionário tupi-português*. São Paulo: Traço Editora, 1984.

______. *Dicionário de topônimos brasileiros de origem tupi*. Santos: Traço Editora, 1985.

VIARO, Mário Eduardo. *Etimologia*. São Paulo: Contexto, 2011.

SUGESTÕES DE LEITURA PARA OS ALUNOS

MUNDURUKU, Daniel. *Outras tantas histórias indígenas de origem das coisas e do universo*. São Paulo: Global Editora, 2008.

PREZIA, Benedito. *Virando gente grande.* São Paulo: Moderna, 2010.

SANTOS, Walther Moreira. *Tem tupi na oca e em quase tudo o que se toca*. São Paulo: Autêntica Editora, 2011.

Sites

http://pib.socioambiental.org (Acesso: 11 jun. 2013).

http://pibmirim.socioambiental.org (Acesso: 11 jun. 2013).